POÉSIES
ÉROTIQUES.

POÉSIES ÉROTIQUES,

PAR

M. le Chevalier DE PARNY.

A L'ISLE DE BOURBON.

M. DCC. LXXVIII.

POÉSIES ÉROTIQUES.

A ÉLÉONORE.

Aimer à treize ans, dites-vous,
C'est trop tôt : eh, qu'importe l'âge ?
Avez-vous besoin d'être sage
Pour goûter le plaisir des fous ?
Ne prenez pas pour une affaire
Ce qui n'est qu'un amusement ;
Lorsque vient la saison de plaire,
Le cœur n'est pas long-tems enfant.

Au bord d'une onde fugitive,
Reine des buissons d'alentour,
Une rose à demi-captive
S'ouvroit aux rayons d'un beau jour.

Égaré par un goût volage,
Dans ces lieux passe le zéphir
Il l'apperçoit, & du plaisir
Lui propose l'apprentissage;
Mais en vain : son air ingénu
Ne touche point la fleur cruelle.
De grâce, laissez-moi, dit-elle;
A peine vous ai-je entrevu.
Je ne fais encor que de naître;
Revenez ce soir, & peut-être
Serez-vous un peu mieux reçu.
Zéphir s'envole à tire-d'aîles,
Et va se consoler ailleurs;
Ailleurs, car il en est des fleurs
A-peu-près comme de nos Belles.
Tandis qu'il fuit, s'élève un vent
Un peu plus fort que d'ordinaire,
Qui de la Rose, en se jouant,

ÉROTIQUES.

Détache une feuille légère ;
La feuille tombe, & du courant
Elle suit la pente rapide ;
Une autre feuille en fait autant,
Puis trois, puis quatre ; en un moment,
L'effort de l'aquilon perfide
Eut moissonné tous ces appas
Faits pour des Dieux plus délicats,
Si la Rose eut été plus fine.
Le zéphir revint, mais hélas !
Il ne restoit plus que l'épine.

LE LENDEMAIN.

Tu l'as connu, ma chère Éléonore,
Ce doux plaisir, ce péché si charmant
Que tu craignois, même en le désirant ;
En le goûtant, tu le craignois encore.
Eh bien, dis-moi ; qu'a-t-il donc d'effrayant ?
Que laisse-t-il après lui dans ton ame ?
Un léger trouble, un tendre souvenir,
L'étonnement de sa nouvelle flâme,
Un doux regret, & sur-tout un désir.
Déjà la rose au lis de ton visage
  Mêle ses brillantes couleurs ;
Dans tes beaux yeux, à la pudeur sauvage
  Succèdent les molles langueurs,
  Qui de nos plaisirs enchanteurs
Sont à la fois la suite & le présage.

ÉROTIQUES.

Déjà ton sein doucement agité,
  Avec moins de timidité,
  Pousse cette gaze légère
  Qu'arrangea la main d'une mère,
  Et que la main du tendre amour
  Moins discrete & plus familière
  Saura déranger à son tour.
  Une agréable rêverie
  Remplace enfin cet enjoûment,
  Cette piquante étourderie,
  Qui désespéroient ton Amant;
  Et ton ame plus attendrie
  S'abandonne nonchalamment
  Au délicieux sentiment
  D'une douce mélancolie.
  Ah! laissons nos tristes censeurs
  Traiter de crime abominable
  Ce contrepoids de nos douleurs,

Ce plaisir pur, dont un Dieu favorable
Mit le germe dans tous les cœurs.
Ne crois pas à leur imposture;
Leur zèle barbare & jaloux
Fait un outrage à la nature;
Non, le crime n'est pas si doux.

ÉROTIQUES.

A ÉLÉONORE.

Dès que la nuit sur nos demeures
Planera plus obscurément;
Dès que sur l'airain gémissant
Le marteau frappera douze heures;
Sur les pas du fidèle Amour,
Alors les plaisirs par centaine
Voleront chez ma souveraine,
Et les voluptés tour-à-tour
Défileront devant leur Reine;
Ils y resteront jusqu'au jour;
Et si la matineuse aurore
Oublioit d'ouvrir au soleil
Ses larges portes de vermeil,
Le soir ils y seroient encore.

A LA MÊME.

O la plus belle des maîtresses,
Fuyons dans nos plaisirs la lumière & le bruit;
Ne disons point au jour les secrets de la nuit;
Aux regards inquiets dérobons nos caresses.
  L'amour heureux se trahit aisément!
Je crains pour toi les yeux d'une mère attentive;
Je crains ce viel argus, au cœur de diamant,
   Dont la vertu brusque & rétive
   Ne s'adoucit qu'à prix d'argent.
  Durant le jour tu n'es plus mon Amante.
Si je m'offre à tes yeux, garde-toi de rougir;
Défends à ton amour le plus léger soupir;
Affecte un air distrait; que ta voix séduisante
Évite de frapper mon oreille & mon cœur;
Ne mets dans tes regards ni trouble, ni langueur.

Hélas! de mes conseils je me repens d'avance.

Ma chère Éléonore, au nom de nos amours,

N'imite pas trop bien cet air d'indifférence :

Je dirois, c'est un jeu ; mais je craindrois toujours.

A LA MÊME.

Au sein d'un azile champêtre
Où Damis trouvoit le repos,
Le plus paisible des ruisseaux,
Parmi les fleurs qu'il faisoit naître,
Rouloit nonchalamment ses flots.
Au campagnard il prit envie
D'emprisonner dans son jardin
Cette eau qui lui donnoit la vie.
Il prépare un vaste bassin
Qui reçoit la source étonnée.
Qu'arrive-t-il ? un noir limon
Trouble bientôt l'onde enchaînée :
Cette onde se tourne en poison.
La tendre fleur, à peine éclose,
Sur ses bords penche tristement ;

Adieu l'œillet, adieu la rose !
Flore s'éloigne en gémissant.

   Ce ruisseau, c'est l'amour volage ;
Ces fleurs vous peignent les plaisirs
Qu'il fait naître sur son passage ;
Des regrets & des vains soupirs
Ce limon perfide est l'image ;
Et pour ce malheureux bassin,
L'on assure que c'est l'hymen.

A MA BOUTEILLE.

Viens, ô ma Bouteille chérie,
Viens enivrer tous mes chagrins.
Douce compagne, heureuse amie,
Verse dans ma coupe élargie
L'oubli des dieux & des humains.
Buvons, mais buvons à plein verre;
Et lorsque la main du sommeil
Fermera ma triste paupière,
Ô Dieux, reculez mon réveil!
Qu'à pas lents l'aurore s'avance
Pour ouvrir les portes du jour;
Esclaves, gardez le silence,
Et laissez dormir mon amour.

ÉROTIQUES.

A ÉLÉONORE.

T'EN souviens-tu, mon aimable maîtresse,
De cette nuit où nos brûlans désirs
Et de nos goûts la libertine adresse
A chaque instant varioient nos plaisirs ?
De ces plaisirs le docile théâtre
Favorisoit nos rapides élans ;
Mais tout-à-coup les suppôts chancelans
Furent brisés dans ce combat folâtre,
Et succombant à nos tendres ébats,
Sur le parquet tombèrent en éclats.
Des voluptés tu passas à la crainte ;
L'étonnement fit palpiter soudain
Ton foible cœur pressé contre le mien ;
Tu murmurois, je riois de ta plainte ;
Je savois trop que le Dieu des Amans
Sur nos plaisirs veilloit dans ces momens.

Il vit tes pleurs ; Morphée, à sa prière,

Du vieil Argus que réveilloient nos jeux

Ferma bientôt & l'oreille & les yeux,

Et de son aîle enveloppa ta mère.

L'aurore vint, plutôt qu'à l'ordinaire,

De nos baisers interrompre le cours ;

Elle chassa les timides amours ;

Mais ton souris, peut-être involontaire,

Leur accorda le rendez-vous du soir.

Ah ! si les Dieux me laissoient le pouvoir

De dispenser la nuit & la lumière,

Du jour naissant la jeune avant-courière

Viendroit bien tard annoncer le soleil ;

Et celui-ci, dans sa course légère,

Ne feroit voir au haut de l'hémisphère

Qu'une heure ou deux son visage vermeil.

L'ombre des nuits dureroit davantage,

Et les Amans auroient plus de loisirs.

De mes inſtans l'agréable partage
Seroit toujours au profit des plaiſirs.
Dans un accord réglé par la ſageſſe,
Au doux ſommeil j'en donnerois un quart;
Le Dieu du vin auroit ſemblable part;
Et la moitié ſeroit pour ma maîtreſſe.

A LA MÊME.

Oui, j'en atteste la nuit sombre
Confidente de nos plaisirs,
Et qui verra toujours son ombre
Disparoître avant mes désirs;
J'atteste l'étoile amoureuse
Qui pour voler au rendez-vous
Me prête sa clarté douteuse;
Je prends à témoin ce verroux
Qui souvent réveilla ta mère,
Et cette parure étrangère
Qui trompe les regards jaloux;
Enfin, j'en jure par toi-même,
Je veux dire par tous mes Dieux;
T'aimer est le bonheur suprême,
Il n'en est point d'autre à mes yeux.

Viens donc, ô ma belle maîtresse,
Perdre tes soupçons dans mes bras.
Viens t'assurer de ma tendresse,
Et du pouvoir de tes appas.
Cherchons des voluptés nouvelles;
Inventons de plus doux désirs;
L'amour cachera sous ses aîles
Notre fureur & nos plaisirs.
Aimons, ma chère Éléonore:
Aimons au moment du réveil;
Aimons au lever de l'aurore;
Aimons au coucher du soleil;
Durant la nuit aimons encore.

À LA MÊME.

Dans ce moment les politesses,
Les souhaits vingt fois répétés,
Et les ennuyeuses caresses,
Pleuvent sans doute à tes côtés.
Après ces complimens sans nombre,
L'amour fidèle aura son tour :
Car dès qu'il verra la nuit sombre
Remplacer la clarté du jour,
Il s'en ira, sans autre escorte
Que le plaisir tendre & discret,
Frappant doucement à ta porte,
T'offrir ses vœux & son bouquet.
Quand l'âge aura blanchi ma tête,
Réduit tristement à glaner,
J'irai te souhaiter ta fête,
Ne pouvant plus te la donner.

A UN HOMME BIENFAISANT.

Cesse de chercher sur la terre
Des cœurs sensibles aux bienfaits;
L'homme ne pardonne jamais
Le bien que l'on ose lui faire.
N'importe, ne te lasse pas;
Ne suis la vertu que pour elle;
L'humanité seroit moins belle,
Si l'on ne trouvoit point d'ingrats.

SOUVENIR.

Déja la nuit s'avance, & du sombre Orient
Ses voiles par dégrés dans les airs se déploient.
Sommeil, doux abandon, image du néant,
Des maux de l'existence heureux délassement,
Tranquille oubli des soins où les hommes se noient;
Et vous, qui nous rendez à nos plaisirs passés,
Touchante illusion, Déesse des mensonges,
Venez dans mon azile, & sur mes yeux lassés
Secouez les pavots & les aimables songes.
Voici l'heure où trompant les surveillans jaloux,
Je pressois dans mes bras ma maîtresse timide.
Voici l'alcove sombre où d'une aîle rapide
L'essain des voluptés voloit au rendez-vous.
Voici le lit commode où l'heureuse licence
Remplaçoit par dégrés la mourante pudeur.
Importune vertu, fable de notre enfance,

Et toi, vain préjugé, phantôme de l'honneur,
Combien peu votre voix se fait entendre au cœur!
La nature aisément vous réduit au silence;
Et vous vous dissipez au flambeau de l'amour
Comme un léger brouillard aux premiers feux du jour.

Momens délicieux, où nos baisers de flâme,
Mollement égarés, se cherchent pour s'unir!
Où de douces fureurs s'emparant de notre ame
Laissent un libre cours au bizarre désir!
Momens plus enchanteurs, mais prompts à disparoître,
Où l'esprit échauffé, les sens, & tout notre être
Semblent se concentrer pour hâter le plaisir!
Vous portez avec vous trop de fougue & d'ivresse;
Vous fatiguez mon cœur qui ne peut vous saisir,
Et vous fuyez sur-tout avec trop de vîtesse;
Hélas! on vous regrette, avant de vous sentir!
Mais, non; l'instant qui suit est bien plus doux encore.

Un long calme succède au tumulte des sens ;
Le feu qui nous brûloit par dégrés s'évapore ;
La volupté survit aux pénibles élans ;
Sur sa félicité l'ame appuie en silence ;
Et la réflexion, fixant la jouissance,
S'amuse à lui prêter un charme plus flatteur.
Amour, à ces plaisirs l'effort de ta puissance
Ne sauroit ajouter qu'un peu plus de lenteur.

AU GAZON
FOULÉ PAR ÉLÉONORE.

Trône de fleurs, lit de verdure,
Gazon planté par les amours,
Recevez l'onde fraîche & pure
Que ma main vous doit tous les jours.
Couronnez-vous d'herbes nouvelles;
Croissez, gazon voluptueux.
Qu'à midi, Zéphire amoureux
Vous porte le frais sur ses aîles;
Que ces lilas entrelacés
Dont la fleur s'arrondit en voûte,
Sur vous mollement renversés,
Laissent échapper goutte à goutte
Les pleurs que l'aurore a versés.
Sous les appas de ma maîtresse

Ployez toujours avec souplesse,
Mais sur le champ relevez-vous;
De notre amoureux badinage
Ne gardez point le témoignage;
Vous me feriez trop de jaloux.

FRAGMENT D'ALCÉE,
POËTE GREC.

Quel est donc ce devoir, cette fête nouvelle,
Qui pour dix jours entiers t'éloignent de mes yeux?
Qu'importe à nos plaisirs l'Olympe & tous les Dieux,
Et qu'est-il de commun entre nous & Cybèle?
De quel droit m'ose-t-elle arracher de tes bras?
Se peut-il que du Ciel la bonté paternelle
Ait choisi pour encens les malheurs d'ici-bas?
Reviens de ton erreur, crédule Éléonore.
Si tous deux égarés dans l'épaisseur du bois,
Au doux bruit des ruisseaux mêlant nos douces voix,
Nous nous disions sans fin, je t'aime, je t'adore;
Quel mal feroit aux Dieux notre innocente ardeur?
Sur le gazon fleuri, si près de moi couchée
Tu remplissois tes yeux d'une molle langueur;

Si ta bouche brûlante à la mienne attachée
Jettoit dans tous mes sens une vive chaleur;
Si mourant sous l'excès d'un bonheur sans mesure
Nous renaissions encor, pour encor expirer;
Quel mal feroit aux Dieux cette volupté pure?
La voix du sentiment ne peut nous égarer,
Et l'on n'est point coupable en suivant la nature.

Ce Jupiter qu'on peint si fier & si cruel,
Plongé dans les douceurs d'un repos éternel,
De ce que nous faisons ne s'embarasse guère.
Ses regards déployés sur la nature entière
Ne se fixent jamais sur un foible mortel.
Va, crois-moi, le plaisir est toujours légitime;
L'amour est un devoir, l'ennui seul est un crime.

Laissons la vanité riche dans ses projets
Se créer sans effort une seconde vie;
Laissons-la promener ses regards satisfaits

Sur l'immortalité ; rions de sa folie.
Cet abyme sans fond où la mort nous conduit
Garde éternellement tout ce qu'il engloutit.
Tandis que nous vivons faisons notre Élisée ;
L'autre n'est qu'un beau rêve inventé par les Rois,
Pour ranger leurs sujets sous la verge des loix ;
Et cet épouvantail de la foule abusée,
Ce Tartare, ces fouets, cette urne, ces serpens,
Font moins de mal aux morts que de peur aux vivans.

DÉLIRE.

Rions, buvons, ô mes amis!
Occupons-nous à ne rien faire.
Laissons murmurer le vulgaire,
Le plaisir est toujours permis.
Que notre existence légère
S'évanouisse dans les jeux.
Vivons pour nous, soyons heureux,
N'importe de quelle manière.
Un jour il faudra nous courber
Sous la main du tems qui nous presse
Mais jouissons dans la jeunesse :
Et dérobons à la vieillesse
Tout ce qu'on peut lui dérober.

MADRIGAL.

Sur cette fougère où nous sommes,
Six fois, durant le même jour,
Je fus le plus heureux des hommes.
Nous étions seuls avec l'amour.
Sur les lèvres de mon amie
S'échappoit mon dernier soupir;
Un baiser me faisoit mourir;
Un autre me rendoit la vie.

LA RECHUTE.

C'en est fait, j'ai brisé mes chaînes,
Amis, je reviens dans vos bras;
Les Belles ne vous valent pas,
Leurs faveurs coûtent trop de peines;
Je leur dis adieu pour toujours.
Bouteille long-tems négligée
Remplace chez moi les amours,
Et distrais mon ame affligée.
Buvons, ô mes amis, buvons.
C'est le seul plaisir sans mélange;
Il est de toutes les saisons;
Lui seul nous console & nous venge
Des maîtresses que nous perdons.

Que dis-je, malheureux? ah! qu'il est difficile
De feindre la gaîté dans le sein des douleurs!

La bouche sourit mal quand les yeux sont en pleurs.

Repoussons loin de nous ce nectar inutile.

Et toi, tendre amitié, plaisir pur & divin,

Non, tu ne suffis plus à mon ame égarée.

Au cri des passions qui couvent dans mon sein

En vain tu veux mêler ta voix douce & sacrée.

Tu gémis de mes maux qu'il falloit prévenir;

Tu m'offres ton appui lorsque la chûte est faite,

Et tu sondes ma plaie au lieu de la guérir.

Va, ne m'apporte plus ta prudence inquiète,

Laisse-moi m'étourdir sur la réalité;

Laisse-moi m'enfoncer dans le sein des chimères,

Tout courbé sous les fers chanter la liberté,

Saisir avec transport des ombres passagères,

  Et parler de félicité

  En versant des larmes amères.

  Ils viendront ces paisibles jours,

Ces momens du réveil, où la raison sévère

Dans la nuit des erreurs fait briller sa lumière,
Et dissipe à nos yeux le songe des amours.
  Le tems qui d'une aîle légère
Emporte, en se jouant, nos goûts & nos penchans,
Mettra bientôt le terme à mes égaremens.
O mes amis! alors échappé de ses chaînes
Mon cœur dans votre sein déposera ses peines;
Ce cœur qui vous trahit revolera vers vous.
Sur votre expérience appuyant ma foiblesse,
Peut-être je pourrai d'une folle tendresse
  Prévenir les retours jaloux.
  Sur les plaisirs de mon aurore
Vous me verrez tourner des yeux mouillés de pleurs,
Soupirer malgré moi, rougir de mes erreurs,
Et même en rougissant les regretter encore.

A M. DE F.

ABJURANT ma douce pareffe
J'allois voyager avec toi;
Mais mon cœur reprend fa foibleffe,
Adieu, tu partiras fans moi.
Les baifers de ma jeune Amante
Ont derangé tous mes projets.
Ses yeux font plus beaux que jamais;
Sa douleur la rend plus touchante.
Elle me ferre entre fes bras,
Des Dieux implore la puiffance,
Pleure déjà mon inconftance,
Gémit, & ne m'écoute pas.
Viens, dit-elle; un autre rivage
Nous attend au déclin du jour;
Nous ferons enfemble un voyage,
Mais c'eft au temple de l'Amour.

MA RETRAITE.

Solitude heureuse & champêtre,
Séjour du repos le plus doux,
Le printems me ramène à vous;
Recevez enfin votre maître.
La jeune Amante du Zéphir
A ranimé vos tristes plaines;
Échappé de mes lourdes chaînes,
Comme elles, je vais rajeunir.
Vous donnez à mes sens une nouvelle vie;
Mon ame trop long-tems flétrie,
Aux rayons naissans du plaisir,
Déjà commence à s'entrouvrir.

O maîtresse toujours plus chère,
De ces lieux tu fais l'ornement.
Dans ces lieux tu fais sans mystère
Le bonheur du plus tendre Amant.

La simplicité seule orna mon hermitage.
On ne voit point chez moi ces superbes tapis
Que la Perse, à grands frais, teignit pour notre usage.
Je ne repose point sous un dais de rubis;
  Mon lit n'est qu'un simple feuillage.
Eh qu'importe? le somme est-il moins consolant?
Les rêves qu'il nous porte en sont-ils moins aimables?
Le baiser d'une Amante en est-il moins brûlant,
  Et les voluptés moins durables?
  Pendant la nuit, lorsque je peux
  Entendre dégoutter la pluie,
  Et les fiers enfans d'Orythie
  Ébranler mon toit dans leurs jeux;
  Alors si mes bras amoureux
  Entourent ma craintive amie,
  Puis-je encor former d'autres vœux?
  Qu'irois-je demander aux Dieux
  A qui mon bonheur fait envie?

Je suis au port, & je me ris
De ces écueils où l'homme échoue.
Je regarde avec un souris
Cette fortune qui se joue
En tourmentant ses favoris ;
Et j'abaisse un œil de mépris
Sur l'inconstance de sa roue.
Gémisse qui voudra sur le sort des humains ;
Trop foibles pour être coupables,
Ou trop méchans pour être plaints,
Ils ne valent pas les chagrins
Que laisse dans mon cœur l'aspect des misérables.
L'humanité n'est qu'un abus ;
La haine est triste & trop pénible ;
Une indifférence paisible
Est la plus sage des vertus.

VERS
GRAVÉS SUR UN MYRTE.

Myrte heureux, dont la voûte épaisse
Servit de voile à nos amours,
Reçois & conserve toujours
Ces vers enfans de ma tendresse ;
Et dis à ceux qu'un doux loisir
Amènera dans ce bocage,
Que si l'on mouroit de plaisir,
Je serois mort sous ton ombrage.

A ÉLÉONORE.

Ô toi, qui fus mon écolière
En musique, & même en amour,
Viens dans mon paisible séjour
Éxercer ton talent de plaire.
Viens voir ce qu'il m'en coûte à moi
Pour avoir été trop bon maître.
Je serois mieux portant peut-être,
Si moins assidu près de toi,
Si moins empressé, moins fidèle,
Et moins tendre dans mes chansons,
J'avois ménagé des leçons
Où mon cœur mettoit trop de zèle.
Ah ! viens du moins, viens appaiser
Les maux que tu m'as faits, cruelle !
Ranime ma langueur mortelle ;
Viens me plaindre ; & qu'un seul baiser

Me rende une santé nouvelle.
Fidèle à mon premier penchant,
Amour, je te fais le serment
De la perdre encore avec elle.

POÉSIES

A LA MÊME,

SUR SON REFROIDISSEMENT.

Ils ne sont plus ces jours délicieux
Où mon amour respectueux & tendre
A votre cœur savoit se faire entendre;
Où vous m'aimiez, où nous étions heureux!
Vous adorer, vous le dire & vous plaire,
Sur vos désirs régler tous mes désirs,
C'étoit mon sort, j'y bornois mes plaisirs;
Aimé de vous, quels vœux pouvois-je faire?
Tout est changé; quand je suis près de vous,
Triste & sans voix, vous n'avez rien à dire;
Si quelquefois je tombe à vos genoux,
Vous m'arrêtez avec un froid sourire,
Et dans vos yeux s'allume le courroux.
Il fut un tems, vous l'oubliez peut-être!

Où j'y trouvois cette molle langueur,
Ce tendre feu que le désir fait naître,
Et qui survit au moment du bonheur.
Tout est changé, tout, excepté mon cœur!

A UN MYRTE.

Bel arbre, je viens effacer
Ces noms gravés sur ton écorce,
Qui par un amoureux divorce
Se reprennent pour se laisser.
Ne parle plus d'Éléonore;
Rejette ces chiffres menteurs;
Le tems a désuni les cœurs
Que ton écorce unit encore.

ÉROTIQUES.

A M. DE F....

Corrigé par tes beaux discours
J'avois résolu d'être sage,
Et dans un accès de courage
Je congédiois les amours
Et les chimères du bel âge.
La nuit vint ; un profond sommeil
Ferma mes paupières tranquilles ;
Tous mes songes étoient faciles ;
Je ne craignois point le réveil.
Mais quand l'aurore impatiente,
Blanchissant l'ombre de la nuit,
A la nature renaissante
Annonça le jour qui la suit :
L'amour vint s'offrir à ma vue ;
Le sourire le plus charmant
Erroit sur sa bouche ingénue ;

Je le reconnus aifément.
Il s'approcha de mon oreille ;
Tu dors, me dit-il doucement,
Et tandis que ton cœur fommeille,
L'heure s'écoule inceffamment.
Ici bas tout fe renouvelle,
L'homme feul vieillit fans retour ;
Son exiftence n'eft qu'un jour
Suivi d'une nuit éternelle,
Mais encor trop long fans amour.

A ces mots, j'ouvris la paupière ;
Adieu fageffe, adieu projets ;
Revenez, enfans de Cythère,
Je fuis plus foible que jamais.

DEMAIN,

A ÉUPHROSINE.

Vous m'amusez par des caresses,
Vous promettez incessamment,
Et le Zéphir, en se jouant,
Emporte vos vaines promesses.
Demain, dites-vous tous les jours;
Je suis chez vous avant l'aurore;
Mais volant à votre secours
La pudeur chasse les amours;
Demain, répétez-vous encore.

Rendez grâce au Dieu bienfaisant
Qui vous donna jusqu'à présent
L'art d'être tous les jours nouvelle;

Mais le tems, du bout de son aîle,
Touchera vos traits en passant;
Dès *Demain* vous serez moins belle;
Et moi peut-être moins pressant.

ÉROTIQUES.

A UN AMI
TRAHI PAR SA MAITRESSE.

Quoi, tu gémis d'une inconstance;
Tu pleures, nouveau Céladon?
Ah! le trouble de ta raison
Fait honte à ton expérience.
Es-tu donc assez imprudent
Pour vouloir fixer une femme?
Trop simple & trop crédule Amant,
Quelle erreur aveugle ton ame?
Tu fixerois plus aisément
Le souffle du Zéphir volage,
Les flots agités par l'orage,
Et l'or ondoyant des moissons,
Quand les rapides aquilons
Glissant du sommet des montagnes

Sur les richesses des vallons,
Sifflent en rasant les campagnes.

Elle t'aimoit de bonne foi,
Mais pouvoit-elle aimer sans cesse?
Un rival obtient sa tendresse;
Un autre l'avoit avant toi;
Et dès demain, je le parie,
Un troisième plus insensé
Remplacera dans sa folie
L'imprudent qui t'a remplacé.

Il faut dans les jeux de Cythère
A fripon, fripon & demi;
Trahis pour n'être point trahi;
Préviens même la plus légère;
Que ta tendresse passagère
S'arrête où commence l'ennui;

Donne tes sens, retiens ton ame.
Tout s'ufe, tout finit un jour;
L'amour doit finir à son tour,
Et sur-tout un amour de femme.

A AGLAÉ.

Tu me promets d'être constante,
Et tu veux qu'aux pieds des autels
Nous formions des nœuds solemnels !
Aglaé, ta flâme est prudente.
Eh bien ! d'un éternel amour
Je fais le serment redoutable,
Si tu veux jurer à ton tour
D'être à mes yeux toujours aimable.

MA MORT.

De mes pensers confidente chérie,
Toi, dont les chants faciles & flatteurs
Viennent par fois suspendre les douleurs
Dont les amours ont parsemé ma vie,
Lyre fidelle, où mes doigts paresseux
Trouvent sans art des sons mélodieux,
Prends aujourd'hui ta voix la plus touchante,
Et parle-moi de ma maîtresse absente.

 Belle Aglaé, pourvu que dans tes bras
De mes accords j'amuse ton oreille,
Et qu'animé par le jus de la treille,
En les chantant, je baise tes appas;
Si tes regards, dans un tendre délire,
Sur ton ami tombent languissamment;
A mes accens si tu daignes sourire;

Si tu fais plus, & si mon humble Lyre
Sur tes genoux repose mollement;
Qu'importe à moi le reste de la terre?
Des beaux esprits qu'importe la rumeur?
Et du Public la sentence sévère?
Je suis Amant, & ne suis point Auteur.
Je ne veux point d'une gloire pénible;
Trop de clarté fait peur au doux plaisir :
Je ne suis rien, & ma muse paisible
Brave, en riant, son siècle & l'avenir.
Je n'irai pas sacrifier ma vie
Au fol espoir de vivre après ma mort.
Belle Aglaé, lorsque la main du sort
Viendra fermer ma paupière affoiblie;
Lorsque tes bras entourant ton ami
Soulageront sa tête languissante,
Et que ses yeux soulevés à demi
Seront remplis d'une flâme mourante;

ÉROTIQUES.

Lorsque mes mains tâcheront d'essuyer
Tes yeux fixés sur ma paisible couche,
Et que mon cœur s'échappant sur ma bouche
De tes baisers recevra le dernier ;
Je ne veux point qu'une pompe indiscrète
Vienne trahir ma douce obscurité,
Ni qu'un airain à grand bruit agité
Annonce à tous le convoi qui s'apprête.
Dans mon azile, heureux & méconnu,
Indifférent au reste de la terre,
De mes plaisirs je lui fais un mystère ;
Je veux mourir comme j'aurai vécu.
Peut-être alors tu répandras des larmes ;
Oui, tes beaux yeux se rempliront de pleurs ;
Je te connois ; & malgré tes rigueurs,
Dans mon amour tu trouves quelques charmes.
Peut-être hélas ! vous gémirez aussi,
Belle Euphrosine ; & toi que j'aime encore

Plus que jamais, ingrate Éléonore,
Premier objet que mon cœur a choisi !
Lorsque la mort aura coupé la trame
De ces momens qu'elle rendit heureux ;
Lorsqu'un tombeau triste & silencieux
Renfermera ma douleur & ma flâme ;
Ô mes amis, vous que j'aurai perdus,
Allez trouver cette Beauté cruelle,
Et dites-lui : *c'en est fait ; il n'est plus !*
Bientôt du ciel la justice éternelle
Me vengera.... Mais, non, Dieu des amours !
Je lui pardonne ; ajoutez à ses jours
Les jours heureux que m'ôta l'infidelle.

ÉROTIQUES.

AUX INFIDELLES.

A vous qui savez être belles,
Favorites du Dieu d'amour,
A vous, maîtresses infidelles,
Qu'on cherche & qu'on fuit tour à tour,
Salut, tendre hommage, heureux jour,
Et sur-tout voluptés nouvelles !
Écoutez. Chacun à l'envi
Vous craint, vous adore & vous gronde ;
Pour moi, je vous dis grand merci.
Vous seules de ce triste monde
Avez l'art d'égayer l'ennui ;
Vous seules variez la scène
De nos goûts & de nos erreurs ;
Vous piquez au jeu les acteurs ;
Vous agacez les spectateurs
Que la nouveauté vous amène.

Le tourbillon qui vous entraîne
Vous prête des appas plus doux ;
Le lendemain d'un rendez-vous,
L'Amant vous reconnoit à peine ;
Tous les yeux sont fixés sur vous,
Et n'apperçoivent que vos grâces ;
Vous ne donnez pas aux dégoûts
Le tems de naître sur vos traces ;
On est heureux par vos rigueurs,
Plus heureux par la jouissance ;
Chacun poursuit votre inconstance ;
Et s'il n'obtient pas vos faveurs,
Il en a du moins l'espérance.

L'HEURE DU BERGER.

Hier Lisette
Toute seulette
Au bois filant,
Alloit chantant
La chansonnette.
Elle s'assit
Au bord de l'onde
Claire & profonde :
Deux fois s'y vit
Jeune & mignonne,
Et la friponne
Deux fois sourit ;
Puis avec grâce
Ses pieds penchoient
Et se jouoient
Sur la surface.

Discret témoin,
Son chien fidèle
Etoit près d'elle;
Tandis qu'au loin
Dans la prairie
L'agneau naissant
Alloit paissant
L'herbe fleurie.

Le long du bois
Je fais silence,
Et je m'avance
En tapinois;
Puis en cachette
Me rapprochant,
Et la tirant
Tout doucement
Par la manchette:

Salut à vous,
Bonjour, ma Reine !
N'ayez courroux
Qu'on vous surprenne.
A vos chansons
Nous vous prenons
Pour Philomèle.
Aussi bien qu'elle
Vous cadenciez,
Ma toute Belle ;
Mais mieux feriez
Si vous aimiez
Aussi bien qu'elle.
Plaire, charmer,
Sur-tout aimer,
C'est le partage,
C'est le savoir

Et le devoir
Du premier âge.

J'ai quatorze ans,
Répond Lifette ;
Suis trop jeunette,
Et je n'entends
Propos d'amans.
Une Fillette
Ne trouve rien
En amourette
Que du chagrin.
On a beau faire ;
Tous les Galans
Sont inconftans,
Me dit ma mère.

Lors un foupir

Vint la trahir,
Et du plaisir
Fut le préfage.
Le lieu, le tems,
L'épais feuillage,
Gazons naissans
A notre ufage,
Tout me fervoit
Contre Lifette;
A fa défaite
Tout confpiroit.
Elle s'offenfe,
Menace, fuit,
Puis s'adoucit,
Puis recommence,
Pleure, gémit,
Se tait, fuccombe,
Chancelle & tombe...

En rougissant
Elle se lève,
Sur moi soulève
Son œil mourant,
Et me serrant
Avec tendresse,
Dit : cher Amant !
Aimons sans cesse !
Que nos amours
Ne s'affoiblissent
Et ne finissent
Qu'avec nos jours !

A M. BERTIN.

CROIS-MOI ; la brillante couronne
Dont tu flattes ma vanité,
C'eſt l'amitié qui me la donne,
Sans l'aveu de la vérité.
Fruits légers de ma foible veine,
Cet honneur n'eſt point fait pour vous
Modeſtes & connus à peine
Vous me ferez peu de jaloux.
Il eſt vrai qu'à la noble envie
D'être célèbre après ma mort
Je ne me ſens pas aſſez fort
Pour ſacrifier cette vie.
Dans les ſentiers d'Anacréon
Égarant ma jeuneſſe obſcure,
Je n'ai point la démangeaiſon
D'entremêler une chanſon

Aux écrits pompeux du Mercure,
Et je renonce sans murmure
A la trompeuse ambition
D'une célébrité future.
J'irai tout entier aux enfers.
En vain ta voix douce & propice
Promet plus de gloire à mes vers;
Ma nullité se rend justice.
Nos neveux, moins polis que toi,
Flétriront bientôt ma couronne;
Peu jaloux de vivre après moi,
Je les approuve & leur pardonne.

FIN

www.ingramcontent.com/pod-product-compliance
Lightning Source LLC
LaVergne TN
LVHW022124080426
835511LV00007B/1007